BAZOOKA!!!

地下クイズ王決定戦

公式問題集

JN174445

太田出版

小籔 さあ、全国の地下クイズファンの皆様、お待たせいたしました。

RG 俺がクイズにはまるきっかけになったという、生き方を変えられた企画です。

小籔 僕は他に好きな企画はいっぱいあるんですが、BSスカパー！の『BAZOOKA!!!』という番組の代名詞になっている人気企画が、この「地下クイズ王決定戦」です。

RG （拍手）

小籔 僕はMCなんですけど、地下クイズ王の進行をやってると笑うてまいますね。普通のクイズ番組やったら「歴史」「グルメ」みたいなジャンルだと思うんですが、地下クイズでは「殺人鬼」「宗教」「セックス」とか、地上波では放送できないジャンル。

RG すごいクイズ王の方々がたくさん出てきます。皆さんがクイズに挑む姿勢は、メジャーなクイズ番組にも引けを取りません。

小籔 でも、中身はほんとに、得てもなんのメリットもない知識。クイズ番組って、答えを知ったらちょっとタメになったり、明日からの生活につながったりしますけど、そんなん一切ない。まったく無駄な時間。

RG そこまで言わなくても……。たしかに「オカルト」や「ゴシップ」のジャンルだと、普通のクイズ番組なら出さないような、答えが正しいかどうかわからないクイズもありますけど。

小籔 まあ、それが楽しいなと思います。

👉 **小籔千豊**

BAZOOKA!!!のMC。
「地下クイズ王決定戦」でも進行を務める。

RG この本は地下クイズ王決定戦の公式問題集ということで、俺みたいにクイズに興味がある人に勉強してほしいですね。それで地下クイズに参加する人が増えて、いつかは大きいイベントができるといい。北朝鮮横断ウルトラクイズとか（笑）。

小籔 僕はクイズ好きではないですけども、この本がちょっと小じゃれたバーに1冊あったら、時間がめちゃめちゃつぶれると思うんですよ。エロい問題も、ちょっとアカデミックな問題もありますから、おしゃれなバーには必ず置いていただきたい。

RG 乾杯のときに、「オウム真理教元信者、菊地直子のホーリーネームは何でしょう?」「エーネッヤカ・ダーヴァナ・パンニャッター!」なんてやったらおしゃれですね。

小籔 あとはヘアサロンとか、そういうところにもぜひオススメしたいと思います。

RG これを読むと、今どんな事件が起きているのか、あの事件がなぜ起こったのかがわかるので、話が面白い人になれると思いますよ。

小籔 きっと、テレビや新聞の情報をだらだらっと流し読みしていた自分に気づくと思うんです。普段の生活で気になったことを覚えておこうとか、ちょっと生き方が変わると思いますので、人生のバイブルとして皆さん1冊は手にしてください。

レイザーラモンRG

『地下クイズ王決定戦』に
BAZOOKA!!!オールスターズの一員として参加。

オープニング
問題

クイズ

日本スマイル党・党首の
マック赤坂（あかさか）が、2015年に
大阪市長選挙への出馬を
表明しましたが、
選挙に向けて改名すると宣言した
新しい名前は?

答

マクド赤坂
（あか）（さか）

BAZOOKA!!!
オールスターズ

ちなみにマック赤坂は当時大阪市長選に向けて
「吉本興業の市営化」を掲げ、「吉本芸人より面白
いと定評のある私に任せてほしい」と熱く語っていた
そう。

オープニング問題
10

クイズ

宮澤洋一元経済産業大臣の
資金管理団体「宮沢会」が、
政治活動費を支出していた
広島市内のSMバーの名前は何?

003

答

マザン

（club Mazan）

ちなみにこちらのお店は、マスターがムチの打ち方
を教えてくれるので初心者の方も安心。男性が
4,000円、女性は2,000円で飲み放題だそう。

オープニング問題
20

クイズ

2015年10月、
詐欺容疑で逮捕された
「ばびろんまつこ」こと
松永かなえ容疑者。
その肩書きは何?

ハイパーエリート
ニート

ちなみにツイッターで勝ち組の女を演じていた松永容疑者が有名人の中で「勝ち組の女」と認めていたのは、谷亮子と松居一代の2人だけだったそう。

2015年11月、この側溝に隠れて
女性の下着を覗いていたとして
逮捕された男が、
2年前に同じ容疑で逮捕された際に
警察に言ったセリフは何?

生まれ変わったら
道になりたい

ちなみにこちらの側溝は幅約55センチ、深さ約60センチで、男は朝の3時からバレるまでのおよそ5時間、中に隠れていた。なおこの男が2年前に隠れていた側溝の中に、当番組ADが実際に入ったときの写真がこちら。（①入口写真　②中の写真　③中から覗いた目線の写真）

山谷のドヤの入口に
必ずと言っていいほど書いてある
設備の謡い文句は、
「全室冷暖房完備」と何?

全室
カラーテレビ完備

ちなみに山谷にある労働者向けの「厚生食堂」は、昭和の飯場を思わせる店内に、SHARPの液晶テレビ(世界の亀山モデル)が設置されており、そこだけ21世紀。食べログの評価は3.0とか。

オープニング問題
50

クイズ

ゴーストライター騒動で話題となった
佐村河内守氏が、
「速瀬守」の名義で
チンピラ役で出演した
1985年放送のテレビドラマの
タイトルは?

まさし君

ちなみにドラマ「まさし君」は植田まさしの4コマ漫画が原作で、主演は嵐見しんご。バイト学生のまさし君が車椅子の少年にキャンプの気分を味わってもらおうと周りの人たちの助けを借りながら一肌脱ぐというストーリーだそう。

オープニング問題
60

クイズ

甘利明元内閣府特命担当大臣に、
建設会社が現金を渡したとされた事件。
両者のつながりを示す証拠写真で、
甘利元大臣の横で
ガッツポーズをしている
お笑い芸人は誰?

答

スギちゃん

ちなみに甘利大臣はかつて三宅雪子議員を転倒させた疑惑で謝罪を求められたり、マイナンバー制度をPRするために、ベッキー不倫騒動でおなじみゲスの極み乙女のヒット曲「私以外私じゃないの」の替え歌を披露したりと、何かと香ばしい逸話の持ち主。

セックス

ゲイの用語で、攻めでなく、
挿入されている受けのほうが快感で
射精してしまうことを、
「突かれて出る」ということから、
ある食べ物の名前を取って
俗に何という?

答 ところてん

ちなみにBAZOOKA!!!スタッフに、ニューハーフとの性行為に積極的な男性ディレクターがおり、ところてんにも非常に興味を持ったことから、あだ名が「ところさん」に決まったらしい。

セックス 10

クイズ

女性の恥骨の下にある
膣壁前方上部の小さな領域、
Gスポット。
このGの由来となった、
女性器の研究で有名な
ドイツの産婦人科医は誰?

答

エルンスト・
グレフェンベルグ

ちなみにGスポットはチンパンジーにもあるといわれ、刺激を受けると5秒後に子宮が収縮し、その後1分間にわたりエクスタシーが続くらしい。動物園でその姿を見た人には幸運が訪れるとか。

セックス
20

クイズ

1995年に「SEX」という単語を
商標登録した企業はどこ?

YAMAHA

ちなみに出願日は1995年2月15日。「SEX」だけでなく「セックス」「エスイイエックス」とすべての読み方を網羅。登録の理由は不明。なお2008年に失効し、現在「SEX」はみんなのものになったと思われる。

女性が自分の乳房を使って
男性器を刺激するプレイのことを
「パイズリ」と名付けたといわれる
女性タレントは誰?

答

山田邦子
<ruby>山<rt>やま</rt></ruby><ruby>田<rt>だ</rt></ruby><ruby>邦<rt>くに</rt></ruby><ruby>子<rt>こ</rt></ruby>

☞ ちなみに「パイズリ」は「オッパイで竿を挟んでセ
ンズリする」ことからその名がつけられた。当時山
田は年上のバンドマンたちとつるんで下ネタを言い
合って遊んでいたため、このような言葉遊びをよくし
ていたそう。なお「パイズリ」を作ったのは山田邦子だ
が、広めたのは榎本加奈子といわれている。

セックス
40

クイズ

西成にある遊郭、
「飛田新地」にある通りで、
若い綺麗な女の子がいるのは
通称「青春通り」。
では、マニア向けの
オバさんがいるのは
通称なに通り?

妖怪通り

ちなみに相場は、30分＝16,000円 40分＝21,000円 50分＝26,000円 60分＝31,000円。それなりに高いが、青春通りよりも割引率が高いらしい。なお妖怪通りは別名「年金通り」とも呼ばれる。

セックス
50

クイズ

以下のAV女優の芸名の中に、
1人だけ宝塚女優の芸名が紛れています。
それは①から⑥のうちどれ?

①愛月ひかる（あいづきひかる）
②みなみ愛星（みなみあいる）
③星空もあ（ほしぞらもあ）
④七海ひさ代（ななみひさよ）
⑤司ミコト（つかさみこと）
⑥若菜みなみ（わかなみなみ）

①愛月ひかる

ちなみに愛月ひかるさんは宝塚歌劇団・宙組に所属する男役で、2010年『誰がために鐘は鳴る』で初主演を務めて以来、現在も活躍されている。

クイズ

巨乳ブームの火付け役となった
AV女優、松坂季実子。
バストのサイズは公称で
110cmでしたが、
乳首が立ったときは
何センチといわれていた?

110.7cm

ちなみにバストサイズの「110.7cm」は、「イイオンナ」の語呂合わせ。なお、芸名は当時のいい女の代表格と評された女優、松坂慶子の「松坂」と池上季実子の「季実子」を組み合わせたハイブリット型。

セックス
70

クイズ

風俗産業で使われる、
通称「スケベ椅子」。
椅子業界で使われる
正式名称は何?

答

ヘルサー

ちなみに本来は介護用品として作られたため、このような商品名であるという説が通説となっている。

セックス
80

クイズ

フランスの世界的コンドームメーカー
「デュレックス社」が
2005年に報告した調査によると、
初体験の平均年齢が
15.6歳と最も低かった
ヨーロッパの国はどこ?

アイスランド

ちなみに全世界の平均は17.3歳。最も高かった
のはインドで19.8歳。日本は17.2歳。

セックス
90

クイズ

1984年に「トルコ風呂」という
名称の変更を当時の厚生省に訴えた、
トルコ人留学生の名前は何?

ヌスレット・サンジャクリ

ちなみにこのとき、ヌスレット・サンジャクリさんを陰で指導していたとされるのが、小池百合子。サンジャクリさんが抗議した結果、東京都特殊浴場協会が「トルコ風呂」に代わる名称を公募し、1984年に「ソープランド」と全面改称された。

セックスの体位で、
後背位のことを英語で
「ドギースタイル」といいますが、
では正常位のことを何という?

答

ミッショナリー
ポジション

クイズ

ロリコンの分類で、
主に11歳から13歳が
対象なのはペドフィリア、
4歳から11歳ぐらいが対象なのは
ニンフォフィリアといいますが、
0歳から3歳ぐらいまでを
対象とする幼児性愛を何という?

セックス

インファノフィリア

ちなみにネピオフィリアも同義。日本語では、ペドフィリアは小児性愛、ニンフォフィリアは児童性愛と分類される。

038

クイズ

セックスの際に
膣から分泌される液は
バルトリン腺液ですが、
アナルセックスの際に
直腸の粘膜がただれて
分泌される液を、
アルファベット3文字で
俗に何という?

答

KMJ

ちなみに「ケツ(K)マンコ(M)汁(J)」の略。

2012年、所得隠し問題によって
出演番組を降板し、
関係各方面に
迷惑をかけている板東英二。
さて、板東英二の
個人事務所の名前は何?

ゴシップ

答 オフィスメイ・ワーク

渡辺徹

☞ ちなみに板東英二は『BAZOOKA!!!』に出演の際、「実はゆで卵よりもお赤飯が好き」と言い出し、その場で山盛りのお赤飯を早食いした（速度は普通）。

バンド「SEKAI NO OWARI」の
メンバーが共同生活している
通称「セカオワハウス」。
かつてここに住んでいた
芸能人は誰?

答

<ruby>三<rt>みや</rt></ruby><ruby>宅<rt>け</rt></ruby><ruby>裕<rt>ゆう</rt></ruby><ruby>司<rt>じ</rt></ruby>

ちなみに近隣住民は「三宅さんがしっかりしないから、若い人たちが騒がしくするのよ。ちゃんと叱ってもらいたいですね」と発言。三宅さんは絵に描いたようなとばっちりを受けているそう。

2015年1月、
鳩山由紀夫元首相が女装をし、
日本赤十字社の近衛忠輝社長と
キスシーンを演じた、
「六本木男声合唱団倶楽部」が
上演したミュージカルのタイトルは何?

ウェスト・サイズ・ストーリー

ちなみに、「六本木男声合唱団倶楽部」は元首相をはじめ、国会議員や医師など、各界で名を馳せてきた人物ばかりで構成された合唱団で、平均年齢は62.3歳。稽古中は怪我の嵐だったそうです。

ゴシップ
30

クイズ

1986年、ビートたけしと
たけし軍団らによる
「フライデー編集部襲撃事件」で、
ラッシャー板前が襲撃に
参加できなかった理由は何?

痔の手術

ちなみにラッシャー板前以外の軍団主要メンバーで参加していないのは、つまみ枝豆と井手らっきょ。井手らっきょは愛人宅を訪ねていて連絡がつかなかったのがその理由とのこと。

亡くなった淡路恵子さんの棺から
着物を取り出そうとして
周りに制止された芸能人は誰?

デヴィ夫人

ちなみにデヴィ夫人は「あーた、こんなにいい着物を棺に入れるの？ これ300万円はするわよ。燃やすくらいなら譲ってちょうだい」と言いながら着物を取り出そうとしたらしい。

ゴシップ
50

ゴシップ

クイズ

以下の芸能人の共通点は何?

土屋アンナ

吉川晃司

DJ OZMA

長渕剛

とんねるず

サザンオールスターズ

美空ひばり

NHKに
出入り禁止に
なったことがある

ちなみに土屋アンナはディレクターとのトラブル、吉川晃司、DJ OZMA、長渕剛、とんねるず、サザンオールスターズは紅白でのトラブル、美空ひばりは家族の不祥事が原因だそう。

ゴシップ

1997年に、自宅に呼んだ
男性デリヘルに対し暴行を働いた
『もののけ姫』などで知られる
カウンターテナー歌手、米良美一。
その暴行の理由は何?

タイプじゃなかったから

ちなみに米良美一の身長は142.7cm。ひとり暮らし用の冷蔵庫と大体同じ高さ。

デザイナー、佐藤可士和の
奥さんに噛み付き、
385万円の賠償金を
払うことになった、反町隆史、
松嶋菜々子夫妻が飼っていた
犬（ドーベルマン）の名前は何？

カイザー

ちなみに事件のあった反町夫妻が住んでいるマンションの家賃は175万円と推測される。

ゴシップ
80

クイズ

2003年6月、
「紀宮様は私の妹」と主張し、
坂下門から皇居内に
入り込もうとした女優は誰?

答

<ruby>藤<rt>ふじ</rt></ruby><ruby>谷<rt>たに</rt></ruby><ruby>美<rt>み</rt></ruby><ruby>和<rt>わ</rt></ruby><ruby>子<rt>こ</rt></ruby>

ちなみに藤谷美和子は「紀宮様に手紙を手渡そう
とした」とのこと。その内容は「最近、ご公務でお疲れ
じゃないですか」という趣旨のものだったよう。

殺人鬼

クイズ

2015年6月、
柏（かしわ）の通り魔殺人事件で
無期懲役の判決を受けた
竹井聖寿（たけいせいじゅ）被告が
判決公判の際に歌った歌は
尾崎豊（おざきゆたか）の何？

答 卒業

ちなみに竹井被告は「卒業」だけでなく、第4回公判のときには「僕が僕であるために」を歌いながら入廷し、そのまま続けて「15の夜」も歌うというハートの強さを見せつけたそう。

殺人鬼
10

クイズ

1981年6月に
東京都江東区で覚醒剤を使用し、
6人を殺傷した川俣軍司。
この事件をきっかけに生まれた
妄想癖のある人をさす言葉は何?

電波系

ちなみに川俣被告は逮捕直後から、「電波がオレにひっつく」という言葉で自らの妄想を表現し話題を呼んだ。

クイズ

1963年に
東京都台東区で起きた
「吉展ちゃん誘拐事件」。
犯人である小原保が、
犯行を思い立つきっかけとなった
映画のタイトルは何?

答

天国と地獄

ちなみに身代金誘拐事件をテーマにした黒沢明監督の映画『天国と地獄』が公開されたのは、吉展ちゃん事件の直前。当時の誘拐罪に対する刑の軽さを批判するための作品だったそうで、それが皮肉にも犯人が誘拐を決意するきっかけになったといわれている。

殺人鬼
30

クイズ

以下は、日本を代表する殺人犯が残した言葉です。
空欄に適切な語句を入れて、
言葉を完成させてください。

①愛犬家連続殺人事件・関根元（せき ね げん）
「気に入らない奴は全部○○に
しちまえばいいんだ」

②安部定事件・安部定（あ べ さだ）
「体や首を持って逃げるわけには
いかないので、
一番○○○○○○ところを
切り取っていったのです」

③結婚詐欺・連続不審死事件・木嶋佳苗（き じま か なえ）
「○○○○○セックスは邪道」

答

①透明

②思い出の多い

③道具を使う

ちなみに2010年に 関根元の事件をモチーフ
にした、園子温監督の映画『冷たい熱帯魚』が公
開。この「透明にしちまえばいいんだ」も劇中のセリフ
で何度も登場する。なお木嶋佳苗が逮捕直前まで
更新していたブログのタイトルは「かなえキッチン」。

殺人鬼
40

クイズ

"殺人ピエロ"ジョン・ゲイシーが、
妻の父からフランチャイズ店の
経営を任されていたのは、
何というファストフードチェーン?

ケンタッキー
フライドチキン

ちなみに、ジョン・ゲイシーは1964年9月にマリリ
ン・マイヤーズと結婚。彼女の父親は地元ではかなり
成功した実業家で、ゲイシーはケンタッキーフライドチ
キンのフランチャイズ店の経営を任せられた。

和歌山毒物カレー事件の犯人、
林眞須美（はやしますみ）が獄中で
誕生日を迎えた際、
林眞須美の子供たちが
お母さんに聴かせるために、
ラジオにリクエストした
といわれる曲は何？

殺人鬼

シルエット・ロマンス

ちなみに講談社から出版された家族との往復書
簡集のタイトルが、『死刑判決は『シルエット・ロマン
ス』を聴きながら——林眞須美 家族との書簡集』。

パリ人肉事件の犯人、
佐川一政（さがわいっせい）が、
その犯行の一部始終を
自ら漫画化したもので、
当時、各流通業者から
「扱いたくない」と拒否された
漫画のタイトルは何？

まんがサガワさん

ちなみに漫画の絵は、偶然にも近所に住んでいた
ため親しくなった特殊漫画家・根本敬先生に指導し
てもらったそう。

こちらは、ある未解決殺人事件の
被害者が残した、
犯人に関するメモですが、
その殺人事件は何と呼ばれている?

答

（長岡京）ワラビ採り
殺人事件

ちなみにこちらはスーパーでパートをしていた主
婦2人が、仕事帰りにワラビ採りに出かけた山中
で遺体となって発見された事件。メモには「オワレて
いる　たすけて下さいこの男の人わるい人」と書かれ
ており、未解決事件マニアには有名なメモとのこと。

1989年9月28日号の中で、
東京・埼玉連続幼女誘拐殺人事件の
犯人・宮崎勤の写真に
幼女の心霊をエアブラシでねつ造し、
編集長が解任されるという
事件を起こした
女性週刊誌は何?

女性セブン

　　　　ちなみに宮崎勤に関する当時の報道はやりた
い放題もいいところで（主に女性誌）、おかしな事件
はすべて宮崎勤のせいにしていた。「近藤真彦の母
親の遺骨が墓から盗まれた事件」も犯人は宮崎勤
ではないかと邪推、その理由は宮崎勤が、当時、近
藤真彦と交際していた中森明菜のファンだから、とい
う稚拙なものであった。

宗教

クイズ

かつてのオウム真理教が
経営していたとんこつラーメンの
チェーン店「うまかろう安かろう亭」。
その人気メニューだった
チキンカツカレーの名前は何?

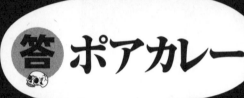

答 ポアカレー

宗教

ちなみに、このポアカレーの他にも、春巻きを乗せた「ハルマゲ丼」やオムレツセットの「オウムレツセット」があったそう。

宗教
10

クイズ

これの正しい名称は何?

答

ピースポール

ちなみに「祈りによる世界平和運動」を進めている団体・白光真宏会が建てている。現在世界約180ヵ国に20万本以上が建立されている。

宗教
20

クイズ

宗教団体「ライフスペース」のグル、
高橋弘二が発表した定説の中で、
これしか食べないと言っている
3つの食べ物は何?

答

トマト
海老
蕎麦

ちなみにとあるインタビューでは「私はそら豆オンリーしか食べない」とも答えていたが、留置場勾留中は差し入れの「ハンバーグ弁当」を食べていたそう。

クイズ

幸福の科学が
これまで制作した映画のうち、
ぴあ映画満足度ランキング
1位を記録した、
2000年公開の
作品のタイトルは何?

太陽の法

エル・カンターレへの道

宗教

ちなみに2016年6月現在の最新作は、3作目の
実写映画となる『天使にアイム・ファイン』。元ザ・ブ
ルーハーツで信者の、河口純之助の音楽も使われ
ている。

宗教
40

クイズ

これは何を防ぐためのもの?

答

スカラー波

ちなみにスカラー波とは、疑似科学の世界で用いられる電磁波の一種。2003年に白装束集団として話題を集めたパナウェーブ研究所は「スカラー電磁波は人体にとって有害である」と主張していた。

宗教
50

クイズ

2014年9月26日、
宗教法人「ワールドメイト」の設立者、
深見東州（ふかみとうしゅう）が日本武道館で行った
コンサートのタイトルは何？

進撃の阪神巨人
ロックコンサート!!

ちなみに世界の名だたるロックミュージシャンが
ライブを行う中、主宰者の深見東州も負けじと自
慢の歌声を披露。歌ったのは、『アナと雪の女王』の
主題歌「レット・イット・ゴー」とAKB48の「ヘビーロー
テーション」だったそう。

宗教

60

クイズ

クリスチャンである男性芸能人で、
洗礼名「アントニオ」といえば
つるの剛士のことですが、
洗礼名「セバスチャン」といえば
誰のこと?

答

<ruby>前<rt>まえ</rt></ruby><ruby>川<rt>かわ</rt></ruby><ruby>清<rt>きよし</rt></ruby>

ちなみに前川清の母親は、前川が離婚する際、時の教皇パウロ6世に直談判したことがある。これは、カトリックで婚姻の絆を解消できるのはローマ司教だけだからである。

宗教
70

クイズ

ダライ・ラマ14世が、
イギリスの新聞「サンデー・タイムズ」に
答えたインタビューで、
転生したら何になると言った?

金髪のおてんば娘

ちなみにこの発言を聞いた台湾のイラストレーター
が、金髪のおてんば娘になったダライ・ラマ14世のイ
ラストを公開。その姿がかなり萌えると、ネットで話題
になった。

宗教 80

クイズ

オウム真理教が
発行していた機関誌
『ヴァジラヤーナ・サッチャ』の中で、
小沢一郎は「暗黒帝王」、
細川護熙は「没落大名」
と呼ばれていましたが、
デーブ・スペクターのことは
何と呼んでいた?

答

宗教

電波芸者

ちなみにこちらの機関誌『ヴァジラヤーナ・サッチャ』では、麻原彰晃のお茶目な一面をコミカルに描いた『マイ・グル』という漫画が人気だったそう。

宗教
90

クイズ

仏教用語で
「仏壇」と「お供え物」
という意味。
さてこれは何?

答

だん みつ
壇蜜

ちなみに壇蜜は中学時代、ワンレンで大人びてい
たため、同級生から「愛人」と呼ばれていたそう。

2015年、山口組の分裂騒動に伴い、
毎年10月に神戸の山口組総本部で
行われていたある恒例行事が
中止され話題になりましたが、
その恒例行事とは何?

答 ハロウィン

ちなみにこの前年のハロウィンは、小学生まで
の子供たちにお菓子の入った袋が配られた。なお
中身は、カール、ポテトチップス、ミルキー、カントリー
マアム、スニッカーズなど、鉄板の人気お菓子が入っ
ていたらしい。

1959年に山口組の三代目、
田岡一雄組長が経験したことのある、
ヤクザとしては前代未聞の
意外な肩書きは何?

警察署の一日署長

裏社会

ちなみに田岡組長が一日署長をお勤めしたのは
神戸水上警察署。山口組は一時期、警察との蜜月
時代があった。

クイズ

次の暴走族の
名前の読み方を書いてください。

答

みなごろし

裏社会

ちなみに、それまで横文字だった暴走族界に漢字文化を根付かせたのが悪名高きケンカ集団「極悪」。彼らの登場でメデューサやスペクター、ジョーカーズなどの横文字暴走族もこぞって漢字にしはじめたそう。

裏社会
30

クイズ

ヤクザの入れ墨で、
神経が集まっているところに
細かい図柄を彫る激痛に
耐えなければならないということから、
最も気合いの入っている
ものとされるのは、
体のどの部分に
どんな生き物を彫ったもの?

答

亀頭に蚊

 ちなみに、亀頭を蚊に刺された場合は、放っておく
のが一番で、ムヒやキンカンを塗ると大変なことにな
るとのこと。

クイズ

漫画『グラップラー刃牙(ばき)』に登場する
アウトロー・花山薫(はなやまかおる)のモデルとなった、
実在のヤクザの名前は何?

答

<ruby>花<rt>はな</rt></ruby><ruby>形<rt>がた</rt></ruby><ruby>敬<rt>けい</rt></ruby>

ちなみに前科7犯、逮捕歴22回を誇る安藤組の大幹部で、武器を一切持たずに喧嘩をするスタイルが有名だった。1963年に暴力団・東声会との抗争で刺殺され33年の生涯を閉じる。

裏社会
50

クイズ

俳優でもあった
安藤組組長・安藤昇が
俳優を辞めた理由とされるのは、
映画のリハーサルでの、
どんな姿を知り合いに
見られたからといわれている?

発砲シーンで、口で「バン!バン!」と銃声を出していた姿

ちなみに安藤昇主演作の中でも、とりわけ怪作といわれているのが『安藤昇のわが逃亡とSEXの記録』(1976年公開)。全国指名手配を受けた安藤昇の逃亡劇と性生活を描いた実録ドラマで、安藤昇本人が本妻や愛人とのねっとりとしたベッドシーンを演じている。

2014年、「最強の武闘派」として
知られる工藤會が
取り締まりを受けました。
この工藤會の第三代目
組長・溝下秀男が
はじめて著したエッセイのタイトルは
『極道一番搾り』ですが、
その副題は?

親分、こらえて
つかあさい

ちなみに溝下は事務所にいち早くコンピューター
を導入し、自ら操作するほどの近代的センスの持ち
主で、その名調子のエッセイはヤクザからカタギまで
多くのファンを魅了したそう。

筋肉少女帯の7枚目のシングル
『暴いておやりよドルバッキー』。
このドルバッキーのモデルになった、
ナガンダ・ムー・アンドロメダ星人
からのメッセージを伝えるために
やってきたとされる
宇宙生物の名前は何?

答 アルターゴゾ・エルバッキー・ムニューダー

ちなみに、アルターゴゾ・エルバッキー・ムニューダーは1981年7月22日に横浜で発見された宇宙生物で、特徴は光る目と大きな尻尾。ただし、その正体はほぼ100%猫と言われている。

オカルト
10

クイズ

1973年、日本から組織されて
現地へ飛んだものの
結局発見できずに終わった
「ネス湖怪獣国際探検隊」。
その総隊長を務めた政治家は誰?

石原慎太郎

オカルト

ちなみに、「伝説のプロデューサー」「呼び屋」と呼ばれたプロデューサー・康芳夫に乗せられて隊長に就任した。

オカルト
20

クイズ

1913年にノーベル生理学・
医学賞を受賞した
フランスの生理学者
シャルル・ロベール・リシェが、
「外の」という意味のギリシャ語と、
「物質」という意味の
言葉を合成して作った、
オカルトではおなじみの言葉は何?

エクトプラズム

オカルト

ちなみにリシェとも関係の深かったフランスの女
性霊能力者、エヴァ・Cは、ゼリー状のエクトプラズ
ムを口や鼻から吐き出すという特殊能力の持ち主
で、吐き出したあとは体重が半分に減っていたとい
う。今でも写真は残っているが、ただゲロを吐いてい
るおばさんにしか見えない。

©Liverpool

この写真には霊が写っています。
どこに写っているか、該当する箇所に
マルをつけてお答えください。

117

オカルト

オカルト
40

クイズ

はじめて目撃情報が流れたのは
1972年。
体長2メートル、
丸い目に長いひげがアザラシに
よく似ていたとされる、
千葉県松戸市役所の
「すぐやる課」の職員が命名した
未確認生物の名前は何?

答

マツドドン

☞ ちなみに「すぐやる課」ではなく、すぐに性行為をし
てしまう女性社員がいる部署「すぐヤル課」に所属さ
れた新入社員の奮闘を描いたエロ漫画がある。

オカルト
50

クイズ

オカルト業界で話題になっている、
除霊効果が高いといわれる
家庭用品は何?

ファブリーズ

ちなみになぜファブリーズに除霊効果があるのか、ネットには様々な理由が挙げられているが、中でも最もしょうもない理由は「霊は不潔な場所を好むので、ファブリーズで清潔にしておけば霊は寄ってこない」というものである。

オカルト
60

クイズ

超能力少年で知られた清田益章が、
1990年にロック歌手として
デビューした際、
8,000枚しか売れなかった
アルバムのタイトルは何？

オカルト

さよなら神様

ちなみに清田さんは現在、「祈り」と「踊り」を融合
させた「おのり」なるものを研究しているそう。

オカルト
70

クイズ

「菱形のひれを持ったネス湖の怪物」
という意味である、
ネッシーにつけられた
仮の学名は何?

答 ネシテラス・ロムボプテリクス

ちなみにこの名はネス湖のUMA・ネッシーを保護動物とするため、イギリス人鳥類学者の（サー・）ピーター・マークハム・スコットが命名し『ネイチャー』に投稿したもの。しかし、Nessiteras Rhombopteryx が「ピーター・S卿の大きな悪ふざけ」（Monster hoax by Sir Peter S）のアナグラムであるということが指摘された。

北朝鮮・中国

北朝鮮の「喜び組」は
活動内容から大きく3つに分かれます。
歌やダンスを披露するのは「律動組」、
マッサージをするのは「幸福組」、
では、性的なサービスをするのは
「何組」?

答 満足組

ちなみに入団の時点で処女であることが条件であるといわれている。

北朝鮮国内で、
その人気の高さから、
専門の買い取り業者や
闇市まで存在したという、
日本でもおなじみのお菓子は何？

チョコパイ

（ロッテに限らず
韓国製のものもある）

ちなみにチョコパイは開城_{（ケソン）}工業団地で操業する
韓国企業が北朝鮮労働者へのボーナスとして実際
に支給していた。換金性が高いため事実上の「第2
の通貨」とも言える。

クイズ

中国の不動産王・王健林（ワン ツァン リン）が、
上海ディズニーランド打倒を掲げて
2016年5月にオープンさせた、
ディズニーキャラクターそっくりな
着ぐるみが現れる
遊園地の名前は何？

北朝鮮・中国

ワンダ・シティ

（万達城）

 ちなみに、王会長は「向こう10～20年は、ディズニーが中国で利益を上げられないようにしたい」と抱負を語った。

クイズ

金正日が「スパイになる者には
必ず一度は見せるべきだ」
と指示したことから、
金正日政治軍事大学の授業で
上映されるという、
高倉健主演の日本映画は何?

133

新幹線大爆破

ちなみに金正日政治軍事大学では、『新幹線大爆破』の他にも『陸軍中野学校』など、300本を超える海外のアクション映画を授業の一環として学生に視聴させているそう。

北朝鮮·中国
40

クイズ

2014年、
尖閣(せんかく)諸島問題で中国各地に
反日デモが巻き起こったとき、
一部の中国人が掲げていた、
中国語のスローガン。
空欄に入る言葉は何?

「釣魚島是中国的、○○○是世界的」

答 蒼井空
（あお い そら）

ちなみにこちらのスローガンは、「尖閣諸島は中国のもの、蒼井そらは世界のもの」という意味。

金正日（キムジョンイル）が生まれたのは
現在のロシアといわれていますが、
生まれたときに名付けられた
ロシア風の名前は?

答

ユーリ・
イルセノビッチ・キム

 ちなみにイルセノビッチは「イルソンの息子」という
意味だそう。

北朝鮮・中国

60

クイズ

Photo by ©Tomo.Yun http://www.yunphoto.net

中国によく見られる、
このような、扉も壁も
備え付けの紙もない独特の
トイレのことを俗に何という?

北朝鮮・中国

ニーハオトイレ

 ちなみに横並びタイプの他、縦列タイプもある。

北朝鮮・中国
70

クイズ

ここ数年中国で多発している、
化学物質が原因で生徒に
"鼻血が出る"などの被害が出た
「毒学校問題」に対して、
江蘇省政府は何と回答した?

問題ない

北朝鮮・中国

ちなみに学校側や校長などもそろって「問題ない」
と事実を否定している。

クイズ

アメリカのラッパー、
スヌープ・ドッグが自ら発足させた
マリファナのブランド名は
「リーフス・バイ・スヌープ」。
では、リアーナが
立ち上げたブランド名は?

答 マリアーナ

ちなみにスヌープ・ドッグは、10代のころからマリ
ファナ漬けで、高校時代には後輩だったキャメロン・
ディアスにもマリファナを売ったことがあると、トロンと
した目で豪語しているらしい。

薬物

10

クイズ

ネット掲示板で
「覚醒剤とMDMA」を
まとめて呼ぶときに使う、
それにハマった女優と
俳優の名前を合わせた
4文字の隠語は何?

のりしお

薬物

☞ ちなみに酒井法子の「のり」と、押尾学の「しお」が由来だそう。

クイズ

粉末にすると外見が
クラック・コカインに酷似するため、
警察のおとり捜査や、
取引で偽物を摑ませる際に
使われるナッツは何?

薬物

答

マカダミアナッツ

薬物

ちなみにコカ・コーラの「コカ」は、コカインの成
分が含まれるコカの葉やコカの実を原材料として
使っていたことから名付けられた。もともとはアメリカ
の薬剤師、ジョン・ペンバートンが、自身のモルヒネ中
毒をコントロールするために開発した飲料である。

薬物
30

クイズ

2005年に首相官邸の玄関脇で
見つかり、当時の小泉純一郎首相が
「食べられるのかね?」と聞いたという、
代表的なマジックマッシュルームの
一種であるキノコは何?

答

ヒカゲシビレタケ

☞　ちなみにかつて俳優の伊藤英明は、当時は合法だったマジックマッシュルームを摂取し、錯乱した結果、近くのコンビニエンスストアで1時間近く暴れ、警察に保護されたことがある。そのときのマジックマッシュルームがヒカゲシビレダケかどうかはわからない。なおこの伊藤英明事件をきっかけに、マジックマッシュルームは違法化されたため、キノコ愛好家は伊藤英明を一生許さないという。

クイズ

第二次世界大戦中、
役人として満州で
アヘン生産や売買にかかわっていた
後の内閣総理大臣は誰?

答

<ruby>大<rt>おお</rt>平<rt>ひら</rt>正<rt>まさ</rt>芳<rt>よし</rt></ruby>

薬物

ちなみに盧溝橋事件以後、日本はアヘンの大生
産地であった蒙彊に蒙彊銀行という発券銀行を
作ったが、この銀行の収入第1位はアヘンで、売り
上げは現在のお金にして約3兆円。

薬物
50

クイズ

各言語での覚醒剤をさす隠語、
英語では「アイス」、
フランス語では「ティナ」ですが、
イタリア語では?

シャブー

ちなみに日本語の「シャブ」から来ているかどうかは
不明。

薬物

60

クイズ

戦前の日本に出回っていた覚醒剤。
大日本製薬が発売していたのは
「ヒロポン」ですが、
武田薬品工業が発売していたのは?

ゼドリン

薬物

ちなみにこの他にも「アゴチン」や「ソビリアン」などの名称で各社から発売されていた覚醒剤。中でも最も宣伝されたヒロポンだけが後世に伝えられた。

クイズ

戦後の暴力団の資金源となった
覚醒剤・ヒロポン。
これはギリシャ語で
何という意味の言葉?

答

仕事を愛する

 ちなみに疲労をポン! と治すという意味もある。

ASKA

第3回地下クイズ王決定戦の
ボーナス問題として用意したが、
収録が長引いて使えなかった幻のジャンル。
もったいないのでここに収録する。
（地下クイズ制作スタッフ）

ASKA

ASKA
10

クイズ

2013年に結成。
覚醒剤取締法違反で逮捕された
ASKA被告の息子、宮崎奏が
ボーカルを務める
ロックバンドの名前は何?

ASKA

THE N.E.E.T

(ザ・ニート)

ちなみにバンド名の由来は、Never ever EnterTainer の頭文字から。Not in Education, Employment or Trainingの略ではないそう。

覚醒剤取締法違反で逮捕された
ASKA被告と愛人関係にあった
栃内香澄美被告。
その第4回公判で明らかになった、
ASKA被告との性行為中に
使用していた
感度を高めるクリームは何?

ASKA

馬油

（まーゆ／ばーゆ）

ちなみにASKA被告はセックスに集中したいため、
誰にも邪魔されないよう、インターフォンのブレーカー
を落としていたとのこと。

ASKA

クイズ

覚醒剤取締法違反で逮捕された
ASKA被告が薬物の受け渡しに
使用していたとされる、
ロッテのお菓子は何?

コアラのマーチ

　ちなみにコアラのマーチの他にチップスターも使っていた模様。

ASKA
40

クイズ

覚醒剤取締法違反で逮捕された
ASKA被告が
入院中に行っていたという奇行で、
洗濯物を干す場所で、
彼が干していたものとは何?

ココナッツサブレ

ちなみにASKA被告はこの他にも、レーズンパンのレーズンだけを集め、水の中で1週間発酵させ、ぶどう酒もどきを作る、という遊びも行っていたそう。

The Chronicle of 地下クイズ王決定戦

Since February 25th, 2013

地下クイズ王
決定戦

2013年2月25日放送

BAZOOKA!!!
069

記念すべき「地下クイズ王決定戦」の第1回。BAZOOKA!!!のサイトでは「ダークサイドクイズ決定戦」と表記されている。「ゴシップ」などで強さを見せた渡辺が、表のクイズ王・中野らを破って優勝。

【優勝者】 渡辺徹

【優勝賞品】 なし

【出場者】
中野亨:125p
渡辺徹:220p
西村かおり:75p
田中正信:125p
BAZOOKA!!!オールスターズ:
エリイ（Chim↑Pom）、紗羅マリー、レイザーラモンRG:10p

【ジャンル】
SEX　宗教　裏社会　オカルト　殺人鬼　ゴシップ

Q **芸能ゴシップの30**
この場所で起きた芸能ゴシップはなんでしょう？

▲ [答え]佐藤健さんと前田敦子さんのカラオケ合コン

【優勝者】	渡辺徹
【優勝賞品】	シリコンボール注入権 （新宿中央クリニック様より）

【出場者】
布川尚之：80p
脇屋恵子：170p
しみけん：400p
渡辺徹：450p
BAZOOKA!!!オールスターズ：エリイ（Chim↑Pom）、紗羅マリー、レイザーラモンRG：40p

【ジャンル】
北朝鮮　セックス　宗教　裏社会　オカルト
殺人鬼　芸能ゴシップ

BAZOOKA!!!
077

第二回
地下クイズ王
決定戦

2013年6月24日放送

1時間半の拡大放送。[地下シルエットクイズ]など、バラエティ色の強いコーナーも登場しはじめた。初登場のしみけんが序盤リードするが、渡辺が最後に高得点の問題を次々に正答してひっくり返し、二連覇を果たした。

地下シルエットクイズ
ヒント①月給は約15万円
ヒント②客はほぼ100％が男性
ヒント③仕事着は水着

▲[答え]台湾のビンロウガール

171

【優勝者】　渡辺徹

【優勝賞品】　ムーショップの
グッズ詰め合わせ

【出場者】
HAYATO：180p
篠原かをり：290p
しみけん：320p
渡辺徹：390p
BAZOOKA!!!オールスターズ：
立花亜野芽、秋元梢、レイ
ザーラモンRG：40p

【ジャンル】
中国　薬物　セックス　宗教
裏社会　オカルト　殺人鬼
芸能ゴシップ

BAZOOKA!!!
108

第三回
地下クイズ王
決定戦！

2014年12月22日放送

RGの初正答、渡辺に惜敗したしみけんの涙、
虫ガール篠原の登場など、地下クイズ決定
戦の盛り上がりを象徴する回。序盤不調のし
みけんが猛追するも、渡辺が「スラセンジャー」で自力優勝。

[クイズ 本物のディープ人間は誰だ？]

▲[答え]日本最高齢の女王様・夜羽エマさん
（左・2016年現在）

セックスの40
AV男優・吉村卓が開発した49番目の体位
「ヨシムラ」とはどんな体位？

BAZOOKA!!!
131

三連覇の渡辺が絶不調。最後の問題で勝利を予感
したしみけんが涙ぐみながら「ヒカゲシビレタケ」
を正答し、圧倒的点差で優勝を収めた。この回か
ら能町がオールスターズとして参戦している。

史上最強！
第四回
地下クイズ王
決定戦！

2015年7月6日放送

【優勝者】　しみけん

【優勝賞品】　地下クイズ王決定戦の入れ墨
　　　　　　（HAYATOデザイン）を彫れる権利

【出場者】
丸山洋平：80p
高野望：110p
しみけん：545p
渡辺徹：30p
BAZOOKA!!!オールスターズ：能町みね子、立
花亜野芽、秋元梢、レイザーラモンRG：70p

【ジャンル】
北朝鮮　薬物　セックス　宗教　裏社会　オ
カルト　殺人鬼　芸能ゴシップ

【優勝者】	しみけん
【優勝賞品】	合法ヘンプラーメン 半年間食べ放題券 (らーめん魁　南千住店様より)

【出場者】
山本匡人:85p
篠原かをり:155p
しみけん:640p
田中正信:250p
BAZOOKA!!!オールスターズ:能町みね子、立花亜野芽、秋元梢、レイザーラモンRG:240p

【ジャンル】
薬物　セックス　宗教　裏社会　オカルト
殺人鬼　スポーツゴシップ　芸能ゴシップ

▲ 今回不出場の渡辺は、
[地下世界ふしぎ発見]のレポーターとして登場した。

冒頭で「地下クイズ王決定戦」からの卒業を発表したしみけんが貫禄の二連覇を果たす。マシンガンクイズで正答を連発した能町の活躍でオールスターズが躍進。クイズにハマったRGも力をつけた。

史上最狂！第五回地下クイズ王決定戦！

BAZOOKA!!!
150

[クイズ 本物のディープ人間は誰だ？]
▲ [答え]スプリットタンを持つ女性・小夜さん

第一～三回地下クイズ王である渡辺のユニフォームは、「よくわからないTシャツの上にうすいピンクのシャツ」。Tシャツのチョイスには意図と蘊蓄があるらしいので、語ってもらった。

渡辺徹が着ていたTシャツはこれだ！

▲ 犬と猫（白）

第二回出場時、作者にアングラ感がありながら、地下クイズっぽくないかわいさのあるデザインということで着用。2008年に三重県亀山市の富永一郎漫画館（現在は休館）にて購入。たぶん2,000円くらい。（渡辺）

▲ ファミスタ×カープコラボTシャツ（白）

第五回、ミステリーハンターとして菊地直子の潜伏先に取材に行った際に着用。2015年に販売された、パルコ「ミツカルストア」とバンダイナムコ「ファミスタ」のコラボTシャツ。モデルは広島東洋カープの菊池涼介選手。3,780円。きくちつながりだということは、ほとんどの人に気づかれていない。（渡辺）

◀ チーチ＆チョン（青系？）

第五回、合法ヘンプラーメンの取材に行った際に着用。マリファナコメディ映画「チーチ＆チョン／スモーキング作戦」のアニメっぽいTシャツ。2014年にミネアポリスに旅行に行った際、当地の有名ディスカウントショップ「ターゲット」で8ドルくらいで購入。こちらも麻薬つながりだということに、ほとんどの人に気づかれていないが、撮影前にロケ車の中で着替えた瞬間、BAZOOKA!!!スタッフの方は「あ、チーチョンじゃないっすか！」とすぐに気づいてくれました。さすがのスタッフです。（渡辺）

◀ エステー（黄色）

地下クイズ王座談会（「クイズジャパンvol.4」）のとき、やっぱり地下クイズっぽくないかわいい感じのTシャツで出たくて着用。2005年に販売され、当時はまったく人気がなかったユニクロの企業コラボTシャツ。エステー化学（当時。現在はエステー）のもの。たぶん1,000円くらい。（渡辺）

▲ しゅりんぶ（白）

第三回出場時、普段は恥ずかしくてなかなか着られないものを思い切って着てみようと着用。2008年ごろ、10枚以上の注文が集まらないと商品化されないTシャツ販売サイト「T-SELECT」で購入。なので、たぶん世界に10枚くらいしかない。たぶん、4,000円くらい。（渡辺）デザイン全体がテレビにはあまりはっきり映らなかったので、海老の絵が描かれているということにあまり気づかれていない。（渡辺）

▲ たまT（白）

第四回出場時、勝手にヘビーリスナーであることをアピールしたくて着用。TBSラジオ「たまむすび」でメールを投稿して採用されると曜日ごとのステッカーがもらえて、それを月～金までの5枚集めるともらえるTシャツ。プライスレス。Twitterで、1人だけたまTに気づいた人がいた。最近、もらえるTシャツがリニューアルされたらしいので、またメールを送り続ける日々が続く。（渡辺）

第四回・五回優勝
しみけん
インタビュー

「生き方も地下で
とてつもなく強いやつが
出てきたら、
復帰するかもしれません」

地下クイズ王の盛り上がりは、この人抜きには語れない。第二回、完全にダークホースだったAV男優しみけんが巻き起こしたセンセーション、第三回に見せた敗北の涙、そして第四回初優勝での歓喜の涙。第五回の優勝を機にボタンにかけた手を降ろした男が今だから語る、クイズに彩られた人生。

◆——しみけんさんがクイズに興味を持ち始めたのはいつごろですか？

しみけん 僕は『第15回アメリカ横断ウルトラクイズ』を観てクイズを始めようと思いました。1991年、何歳ですかね、小6かな。当時、能勢一幸さんというクイズ界のプリンスがいて、能勢さんがドミニカ共和国のチェックポイントで昂然と答えたんです。「春眠暁を覚えずと言った唐の詩人は誰？」「孟浩然!!」。この孟浩然（もうこうねん）が僕の人生を変えました。これが第1の衝撃。何が何でもウルトラクイズに出たいと思って、手あたり次第にクイズ本買って、わけもわからず丸暗記してましたね。

◆——少年が大選手のホームランを見て野球選手を目指すような。

しみけん そうですね（笑）。うちは小学1年生のころから受験勉強するような家庭で、地理や国語とかはそこそこの知識はあった。でも中学に入って、残念なことにウルトラクイズが終わってしまった。一番の目標がなくなってしまった。でもいつかウルトラクイズが復活したときのためにと勉強は続けていました。そしてここで第2の衝撃……童貞を捨てます。「あぁクイズより楽しいことがあった！」と。（笑）それで高校生になってクイズから徐々に離れていきました。

◆——童貞を捨てて、クイズも捨てたと。

しみけん ですね（笑）。一応高校生クイズには出ましたけど、やっぱり予選は通らな

かったです。セックスにうつつを抜かしてるやつは西武ドームを通さねぇぞと。でも18歳のときに第3の衝撃が訪れます。『ウッチャンナンチャンの炎のチャレンジャー』の「雪山を歩き続けたら100万円」という企画があり、当時スキー靴なんて履いたこともなかったんだけど、とにかくテレビに出たい一心で応募したんです。群馬県かどこかの雪山に連れていかれたのかな、前日泊で。そこで一緒の部屋になったのが「下村さん」という方でした。下村さんを見て僕はハッとした。この人は『第16回アメリカ横断ウルトラクイズ』で終盤まで残った下村さんだと。それで聞いてみたんです。「……下村さんて、"ヒーマン下村"さんじゃないですか？」。そしたら向こうは「なんで知ってるの?!」って。それからもうその夜はクイズ談義ですよ。僕もはじめて有名クイズプレイヤーに会ったので、たまっているもの全部吐き出して。次の日は寝不足で雪山歩き続けてさんざんでしたけど（笑）。

◆——とんでもない偶然の出会い……というかよく気がつきましたよね。

しみけん それから下村さんが16回チャンピオンの田中健一さんを紹介してくださいました。さらに下村さんが所属しているクイズ研究会にまで誘ってくださった。東京問答会、通称「バナナクラブ」。今思えばつくづくバナナに縁がある人生ですね。そこで今度は僕の"地下クイズ人生"のキーマンとなるルクセン高橋さんに出会います。この人がまぁえらく強くて、いくら勉強してもかなわない。そして僕は競技クイズを辞めます。高校球児が松坂投手のピッチングを見てプロをあきらめる

ように。

◆──なるほど。

しみけん それからは地上のオープン大会に行ってもあんまり情熱が注げなくて。でも三つ子の魂百までというか、知識欲だけはどうにも消せなかった。それで自分に興味があるもの、面白い! と感じたものだけを覚えるようになりました。そんなある日、突然知らない番号から電話がかかってきました。出るといきなり「GスポットのGは何の略?」と聞かれたので反射で「グレフェンベルク」と答えたら「決定!」と言われたんです。僕が「何がですか?」と聞いたら「クイズ作家の矢野です。実は地下クイズ王というのがあるんです」と。もちろん(放送作家の)矢野さんと言ったら有名ですから、すごい人に会えるなと思い後日ご飯に行き、YouTubeではじめて地下クイズを見せられたんです。

◆──イケると思いました?

しみけん 「セックス」はイケると思いました。それで第二回に出場することになりました。何を勉強していいかわからなくて、1問取れればいいやという気持ちで。だって対戦相手聞いたら脇屋さん、布川さん、渡辺さん……クイズ界の超ツワモノたちですよ。なのでAVの現場を2つこなして"仕事の一環"って感じで行っ

たんです。そしたら意外と答えられた。それで調子づいちゃいまして……(恥)。

◆──まさかそこまでハマるとは思わなかったんですか?

しみけん まったく思ってないですよ。人間って、欲深い生き物で、1問答えられればいいと思っていたのに、優勝がちらつきだすと優勝したいと思っちゃった。これは第12回ウルトラクイズの優勝者、瀬間さんの言葉なんですけど「近くて最も遠いのが優勝である」と。この言葉がすごく身にしみて感じられました。

フォロースルー(構え)の理由

◆──皆さん知識もすごいですが、それを引っ張り出してくるスピードもすごいです。

しみけん あれはね、『アタック25』だったら完全にアウト(笑)。第三回で篠原かをりちゃんが出てきたでしょう。彼女の登場で早押しのスピードがめちゃくちゃ上がった。だから第三回は冒頭の問題が全然取れなかったんです。最初ね、ちょっとなめてたかもしれない。第二回があんな感じだったから。クイズプレイヤーは最初の5文字で答えが10個ぐらい頭の中に並んで、次の5文字で5つに絞られて……となるんですけど、誤答のペナルティーがないからか、篠原ちゃんはとにかく

◀大人になってもクイズノートは作り続けていて、よくわからないけどヴィトンのノートになりました。予想問題はすべてノートに書き出します。「ベトナム語で鳩はちんぽこ」とか「ギリシャ語で聖歌隊はコロス」とか。内容めちゃくちゃ!(笑)

バンバン押してきた。はじめは「クイズマンシップに則ってない」と感じたけど、そうこうしているうちに点差ができてしまい「地下クイズにクイズマンシップを持ってきてる僕が間違ってた! これは戦い方を変えないと」と。

• ——しみけんさんのあの独特の待ちの姿勢、カッコイイですよね。

しみけん 僕はフォロースルーにこだわりがあって、フォロースルーとはボタンを押すときの構え方のこと。僕が10代のころクイズ番組を観ていて「この人の押し方がカッコイイ!」とか「この人の押し方は独特で印象に残る」と感じていましたので、鏡を見ながら印象に残るフォロースルーを練習していました。野球で言うところの素振りですね。で、あの形に落ち着きました。問題は左の耳で聞くようにしてるんですけど、実はAV男優の仕事で右の耳が若干聞こえづらくなっちゃったんです。

• ——どうしたんですか?

しみけん 男優業界はチョコ(ボール向井)さん(加藤)鷹さんがいなくなったとき、男優の実力がいったん横一列になりまして。男優戦国時代ですね。誰がナンバーワンになるのか競い合っているときに、森林 原人、神童と呼ばれる男優が"連続射精"という特殊能力を身につけたんです。これでもう業界は「森林がナンバーワン」みたいな空気になっちゃって。超悔しかった。それで、自分も連続射精の練習をしてたら「何回もイクことはできないけども、1回位の射精を小出しにして"何回もイッたように見せること"ならできる」ってわかったんです。

• ——そんなことできるんですか!?

しみけん 練習すればできますよ。(笑)それでAV業界が「しみけんも連続射精を体得した!」と面白がって。僕も調子に乗って行く先々で"射精小分け法"をやっていたら、ある日突然右耳がパツンっていったんです。それからキーンとなって5分ぐらい聞こえなくなって、次にやるとまたキーンってなって。今度は10分。その次は15分、と聞こえなくなる時間が長くなっていく。これヤバいんじゃないか、ポックリ逝っちゃうんじゃないかって、慌てて病院に行って検査してもらったんです。そしたら「鼓膜に無理な圧がかかっている」と言われたんです(笑)。

• ——笑いごとじゃないですけど……。

しみけん そんなこんなで、左耳を前に出すこの構え方になりました。

第三回のあと、自分に宛てたメール

• ——地下クイズにスイッチが入ったのはどのあたりですか?

しみけん 第二回が終わったときは「あー負けちゃった悔しいなぁ。次はもっと勉強しよう」ぐらいの気持ちでした。それでしばらくあいだが空いて、第三回の連絡が来て、そのときはまだ現場の仕事を入れる余裕があった。それでも勝てるだろうと。だけど篠原ちゃんの登場と渡辺さんの

実力で完全に焦って迎えた最後の問題の出だしが「2000年の……」。僕はこの時点で答えないと負けるから押すわけです。でもわからなくて、何も言えずにブー。「殺人鬼で2000年……って何だ?」って。

そこで1番枠のHAYATOくんが「クリックの誤作動」って答えたんです。それで「あぁ、世田谷一家殺人事件か」とわかった。でも世田谷一家殺人事件のキーワードで最初に浮かんだのが木村拓哉さんだった。犯人が着てた服装が、木村拓哉さんが当時出ていたドラマでの服装に似てると話題になってましたから。でも正解は「スラセンジャー」だった。僕の頭の中にもスラセンジャーはありましたけど、それを選ぼうとは思いませんでした。最後の最後で負けて急に悔しさがバーッと出てきて。若手男優の付き人に車を運転させて、僕、泣きながら自分にメールを打ったんです。これは以前番組でも紹介したことありますけど(メールを開く)……。

◆──「……2012年12月16日、次のバズーカはここに注意」これは次回への提言?

しみけん そう。「次からは一度間違ったらその問題を答えられないように助言する」。そうすればバカ押しはできないから。「30点の問題まではキャッチーな誰もが知ってる答えが出る。40、50点は難しい回答になる」。だから木村拓哉さんではなくスラセンジャーになると。あとこれはすごく汚いですけど、「『ご覧ください』の問題は、映像を見てから押すのではなく見る前に押す」。わからなかったらあきらめがつくけど、見て知っていたら悔しい。

そんなの普通のクイズではタブーですけど地下クイズにクイズマンシップを求めてたら勝てないと悟りました。そんな感じで僕の中で火がついて、傾向と対策を立てながら勉強していきました。

◆──地下クイズのためだけに向けた特訓を。

しみけん セックス以外にもう1ジャンル得意分野が欲しい。そこで気づいたのが「薬物は意外とみんな勉強しない」こと。芸能ゴシップは渡辺さんが強い。殺人鬼はみんな強い。北朝鮮、薬物、セックス、これで勝負をかけていこうと。だけどそれをやると、自分の得意なジャンルを全部潰した後あと1問取らないと勝てない状態に追い込まれたとき、まずい。葛藤です。

◆──本番はどんな状態で臨まれるんですか?

しみけん これは収録のときの僕の必須グッズ。麻黄湯は体の中でエフェドリンという成分に変わるんですね。神経をつなげるシナプスの信号速度が速くなる。ちなみにこれはオリンピックでは使えない、ドーピングです。興奮剤ですから。当日は食事の時間にも気を使います。起きてから6時間後に人間は一番体温が高くなるので、収録が始まるのが大体夜9時、それに合わせて起きる。食事は2時間前にがっつり摂って、始まる前にデキスト

リンで脳に栄養を与える。収録中もお腹が空いたらデキストリン（笑）。

◆──すべて逆算しているんですね。

しみけん そう。そしてこうやって対策を取っていくうちに、徐々に地下クイズの性質となんとなくリンクしてきて。それと同時に、この作業は本当に時間とパワーを消費しますので、本業がおろそかになってしまうのが怖くなってきて。それでいったん、引退をしようと。

◆──地下クイズ対策が完璧すぎたんですね。そのおかげか、第四回は圧倒的な大差での勝利でした。

しみけん あのときは渡辺さんが調子悪かった。おそらく問題がリンクしなかったんでしょう。渡辺さんは勉強しないタイプ。周りから「勉強して優勝する渡辺なんて見たくない」って言われている。ナチュラルに優勝かっさらっていくことを求められているんですよ。あの人は本当に強いんです。もともと「こんもり」というカルト集団みたいなクイズ屋で、もちろん法政大学の研究会でも有名なプレイヤーでした。渡辺さんも生き方が地下っぽいんですよ。だって趣味が「ご当地検定を受ける」（笑）。知らない街にクイズ屋がやってきて優勝をかっさらっていく。アイツ酒が好きだから酒飲んでうまいもん食べて帰ってくる。アイツの唯一落ちたご当地検定が、自分が住んでいる埼玉県検定っていうのもいいですよね。やっぱり近くて遠いのが優勝ですよ（笑）。皆面白いよね。

◆──第四回大会で優勝したときはお仕事をセーブして臨まれたんですよね。

しみけん 前3日入れませんでした。

◆──収入的には痛手ですよね。一方で地下クイズは優勝しても何かご褒美があるわけじゃない。

しみけん でも、タイトルってそういうもんですよ。金では買えないものだから。

◆──タイトルを手に入れてから生活は変わりましたか?

しみけん プラスの意味では……あまりないかも（笑）。例えば街中でクイズ出されたり。しかもクイズとして成立していないものを。「日本で一番人を殺した殺人鬼誰だ?」とかね。はあ? ですよ。普通に考えれば都井陸雄かなって思いますけど、それが戦争となればまた違うわけですし、限定が甘くて。それでこっちが考えてると、勝ち誇った顔してくる。

◆──「俺は地下クイズ王を考えさせてる」みたいな（笑）。

しみけん だから自己紹介するときはクイズの話はしないです。「地下クイズ観ました!」って言われるのはすごく嬉しいですけどね。

◆──岡宗プロデューサーも「地下クイズに出てもいいことひとつもないと思う」とおっしゃってました。

しみけん ですね（笑）。だからこそ、地下クイズは100回ぐらいまでやってほしい。意味のないものに意味を持たせたいですよね。なので続けてほしいです。

◆──もししみけんさんがカンバックするとしたら、それはどんなときでしょうか?

しみけん やっぱり……生き方が地下なのにクイズがハンパなく強い。篠原ちゃん負けた、渡辺さんも負けた、能町さんもダメ、となったら出るしかないですね。猛勉強して仇討ちに行きたいです。

◆──早くその展開が見たい!!

地下クイズ王頂上対談

第四回・五回優勝

しみけん

×

第一回〜第三回優勝

渡辺 徹

「クイズやりたいって
ふつふつと
知識をためてる
若者に出てきてほしい」

ジャンルレス、縦横無尽に正答を叩きだす最強
の絶対王者。抜群のセックス知識と緻密な戦略
で王者を追い詰める孤高のダークホース。この
2人の攻防こそ、まさに地下クイズ王決定戦
だったといっても過言ではない。戦いの舞台を
降りた2人の胸に今、去来するものとは。

◆——しみけんさんとお会いするのはいつぶりですか?

渡辺　久しぶりですね。まあ何カ月か前に会ってますね。

◆——こういうクイズ関係で?

渡辺　そうですね。あ、ジンのロックとビールください。

◆——本番のときは本当に飲んでらっしゃるんですか?

渡辺　飲んでますよ。学生時代にクイズやってたときからずっと。

◆——一番渡辺さんが得意なジャンルは、芸能とか?

渡辺　それ最も困る質問なんですけど(苦笑)。ないから。このジャンルが得意だろうと思って勉強したことはないですし、この苦手なジャンルを克服しようと思って勉強したこともないですし。

◆——分析派のしみけんさんとは真逆ですね。

渡辺　しみけんさん真面目ですからね。

◆——でもしみけんさん的には、というか周りのクイズ業界の方たちも「勉強して優勝する渡辺は見たくない」という空気ができ上がっていると。

渡辺　もちろん、出ると決まったらさすがに勉強しないわけにはいかない。出そうなものは準備しますんで。ただ結局それは付け焼き刃で、それだけじゃ勝てない。だから、普段から準備しておけよっていう話だと思うんですよ。でも特別な「クイズの勉強」なんて、普段してないんですけどね。

◆——普段の生活から学んでいると。

渡辺　そうですね。タンザニアに生まれた人が長距離速いみたいなことだと思いますよ。

しみけん　遅くなりました。

渡辺　今日現場は?

しみけん　1.5本。

渡辺　0.5ってなんだよ。現場行ったけど出してないみたいなやつ?

しみけん　1本普通に朝の現場行ってきて、そのあと取材と打ち合わせ。取材が0.5ってことで。ナベちゃんもう何杯目?

渡辺　いやこれ1杯目。チェイサーですからこっちは。

しみけん　あ、ビールがチェイサーなの? よくわかんねえ(笑)。あ、注文いいですか? オムライスとハヤシライスと、カニクリームコロッケと……

渡辺　いくねぇ。

◆——お仕事してきたんですもんね。

しみけん　すいません(笑)。

◆——先日はしみけんさんに「何をきっかけでクイズの世界にはまっていったのか」をお伺いしたんですけど、渡辺さんにも。

渡辺　……僕ね、クイズそんなに好きじゃないんですよね。たぶん。

しみけん　これはじめて聞くな。

渡辺　同世代のクイズ研究会にいた子たちは大概子どものころウルトラクイズ観てて、高校生クイズなんかも観てて。あのころはクイズ番組たくさんありましたからね。僕も当時普通に観てはいましたけど、そんなに思い入れがあったわけじゃなかった。何問かに1問くらいはわかるな〜くらいの感じ。

しみけん　でも中学のときにテレビに出てたよね、クイズ番組に。FNSだっけ?

渡辺　あれは高校1年。

しみけん　高1でクイズ3大大会のうちのひとつ、『FNS1億2,000万人のクイズ

183

王決定戦!』に出たんですよ。クイズ好き
じゃなくて全国大会行くってさ。どうやっ
て勉強したらあんなところまでいけるの?
渡辺　いや、勉強なんかしてないですよ。
第1回を観ていけそうだなと思って、
第2回応募したら通っちゃったんで。しょ
うがないじゃないですか。
しみけん　天才ですよ。

◆——ご家庭の環境がクイズに適していたと
　　か。

渡辺　親に勉強しろと言われたことは一
度もないですね。そうそう、うちの兄貴が
学研の科学と学習を取ってたんですよ。
しみけん　あー。

渡辺　で、僕は本を読むのが当時は好き
で。今全然読まないですけど。で、その学
研の科学と学習をうちの兄貴がまったく
読まないので、3年生くらいの号を幼稚
園のときに読んでた。
しみけん　学研の科学と学習、うちも取って
ましたもんね。あれ意味あるのかもしれな
い。天才少年の番組とか観てると、小さ
いころから図鑑見てましたって言うよね。
渡辺　図鑑は見てたな。だから僕本当あ
れなんですよ、今まで小学校までの貯金
で食ってるんですよ。そこからの利息も少
しはありますけど。
しみけん　利息つきすぎじゃない?
渡辺　あとはもうひとつは小学校低学年

渡辺徹

のころから、親父と2人で居酒屋に行ってたんですよ。居酒屋とかスナックとか。

●──スナック行ってたんですか!?

渡辺 サウナも。それで普通にカウンターに座って、親父が刺身を取ってビールを飲んだりしてるところで僕は隣でコーラとか飲んでたんですけど。親父は知らない人とかにも話しかけるタイプなんですよ。その大人の会話をおとなしく聞きながらコーラを飲んでた。

●──そこでまたいろいろな情報を。

渡辺 そこですね。例えば、当時、なんだったかな「ジャイアンツが第1回のドラフトで指名したのは誰だ」みたいな話になって。堀内恒夫だなんつって。それを聞いて覚えたのを、また親父が別に連れてった居酒屋で俺がやるっていう。

●──はははは。

渡辺 そうすると、大人がウケるしね。

●──営業(笑)?

渡辺 お金はもらってないですよ(笑)。大

人の会話に参加できるのが嬉しかった。

しみけん わかる。そういうことで大人の仲間入りができてると思うんだよね。

渡辺 でも僕が小5くらいのときに離婚しちゃった。

しみけん 原因は?

渡辺 親父の借金。

しみけん え、なにで作ったの?

渡辺 博打で。

しみけん あー。

渡辺 僕そのころはわりと親父と一緒に雀荘にも入り浸ってましたよ。

しみけん 地下クイズ王になる男は、生き方も地下でなくちゃダメって言ってたけど、ナベちゃんは小学生から地下だった。

渡辺 でも僕、普通の生活者ですから。一市民ですよ。

しみけん だいたい変わってる人はみんな口そろえて「普通です」って言う。

渡辺 天然ボケの子がね、違うっていうやつね。

しみけん ナベちゃんさ、マジで勉強してないの? じゃあ直前3日どう過ごしてる?

渡辺 直前の追い込みはそりゃするよ。

しみけん どういう?

渡辺 ご当地検定を受けに行くときは、ホテルに泊まるじゃないですか。そのときやってた方法が僕的にはベストなんですけど、それはエロビデオかけるんです。

しみけん ……そうすると俺が出てくる。

渡辺 意外と出てこなかったけど(笑)。エロビデオをかけたうえで、自分の対策した予想問題を延々と朗読するんです。

しみけん あ、朗読するんだね。

渡辺 うん。1人になって、かなりフリーダムな感じで朗読したりしながら、自分で自

分の言ったことに突っ込んだりして、みたいな。かなり危ない、トランス状態。

しみけん 隣の部屋の人がさ……

渡辺 文句言ってこられたことはない。

しみけん 「隣の人おかしいんですけど」「部屋を変えましょう」(笑)。

渡辺 そんなに大きな声では喋ってないよ。ただ、エロビデオだけが大きい。

しみけん なんでエロビデオかけるの。

渡辺 なんででしょうね。

しみけん リラックス効果?

渡辺 うん。だと思う。

しみけん でもたまに観ちゃうときあるでしょ。

渡辺 でもそんなに真剣には観ない。

しみけん 観ちゃう瞬間はどういうシーンなの?

渡辺 好みの女優さんが出てたらね。

しみけん どんな人が好みなの?

渡辺 企画モノではない。

しみけん 単体? すっごいめずらしい……って、またぼやかされちゃったけど、予想問題はどっから持ってくるの?

渡辺 いや、時事問題を中心にって感じかなあ。やっぱり。

しみけん ネットで見るの?

渡辺 東スポは毎日読んでる。

しみけん すげー、東スポを毎日読む人はじめて。

渡辺 うちの兄貴が東スポ好きだったっていうのがありますけど。

しみけん 東スポって日にちまで嘘だもんね。

渡辺 あれはね、東京だと夕刊紙として出すけど、地方に行くと次の日の朝に出る。新潟とかはそう。

しみけん また、地下クイズっぽい(笑)。

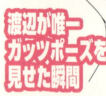

渡辺が唯一ガッツポーズを見せた瞬間

◆——皆さんが口をそろえて"あれが山だった"と語る「第三回」を振り返りましょうか。

渡辺 第三回は先に自分がいったかな。わりといい勝負だったよね。

しみけん 俺は最初の12問取れなかったんで。

渡辺 最後の1問でしみけんさんが取れば逆転できるっていう状況で、僕が抑えた。

◆——世田谷一家殺人事件の問題。

渡辺 あれ読まれた瞬間なんのことだかまったくわからなくて、でもみんながガンガ

ン押してたじゃないですか。それで「これ世田谷の話か」って思って。じゃあ、僕が知ってること「スラセンジャー」くらいしかないなって、それ言ったら当たっただけですよ。

しみけん あのときだけだよね、ナベちゃんが唯一ガッツポーズしたの。ちっちゃくガッツポーズ。

渡辺 あれはまあ、さすがにね。勝負決まったから。

しみけん 正直、あのときは負けると思ってましたね。だって自分の得意ジャンルを全部潰してようやく追いついてきたから。最後に残ったのが「宗教」と「殺人鬼」で、俺「殺人鬼」強くないから、うっすらとこれ負けちまうかもしれねえみたいな計算はありましたね。

渡辺 だからそういう意味で僕ね、得意ジャンルがないって公言してますけど、ほんとにないんですけど、ないって思われてるのは有利なことかもしれない。何を答えるかわからないぞって。「これ知ってるのになんでこれ知らないの」っていうこともたくさんあるんですよ。だから問題の出題者の相性とかあるんでしょうね。そればっかりはしょうがない。ただ、本気のクイズプレイヤーはそこを埋めるように知識を積み重ねていく。それは地上でも地下でも同じ。

しみけん 俺さ、地下クイズで何が一番嬉しかったって、第四回ではじめて優勝したとき今まで近づき難かった真木(蔵人)さんが「おめでとう」って言って抱きしめてくれたことですよ。

渡辺 僕ね、あのとき真木さんに「本気出してないでしょ」って言われたんだよね。

本気出してもどうにでもならないときだってあるんだよって思いながら。本気が出せない状態だったからね。もちろん勝ちたいに決まってるじゃないですか。こっちが本気出すつもりでもハマらなかった。クイズって本当にそういうもの。真木さんにわかるように言うなら「波が向かなかった」かな。

クイズ好きは「なんでだろう」って疑問を持つ

●──**お二人はどんな人がクイズに向いていると思いますか?**

しみけん それは間違いなく「なんでだろう」って疑問を持つ人。例えばね、フランス語で稲妻といったら「エクレア」じゃないですか。普通だったら「フランス語で稲妻という意味のエクレア」って覚えますよね。でも強い人は「なぜ稲妻という意味の名前がつけられたのか」というところも調べてくんですね。で、そこからエクレアの発祥とかどんどん深く調べていく。

渡辺 わからない言葉があったら昔は辞書引くでしょ? でも調べた言葉よりその隣に出てる言葉が気になったりしない?

しみけん そうそう!

渡辺 ちょっと面白い響きの言葉とか見つけてそれを調べているうちに「あれ? 何調べてたんだっけ?」ってなる。

しみけん 超わかる。超あるある。対義語とか止まんないじゃん(笑)。

渡辺 それが今じゃウィキペディアだとワン

クリックでどんどん飛んじゃうでしょう。それがね、幸せなのか不幸せなのかって話になるんですよ。

しみけん そうそう、辞書。コンサイスカタカナ語辞典なんか1冊全部読みましたもん。とりあえず辞書全部頭のなか入れちゃえばカタカナ語に困らないだろうって。めんどくせえ、全部読んじゃえって言って全部読んじゃったんですけど。まあ、忘れていきますけどね。でも最初はそれなんですよ。

渡辺 だからそこが気になるかどうかというのはすごく大きい。「なんで?」っていうのを調べるのに理由ないよね。

地下クイズは雑草たちに月の光を当てる

渡辺 まあでも今全体的に地下クイズがジャンル化されちゃってるんで、そうされると僕もう太刀打ちできないです。

しみけん 混沌としてたほうがよかった?

渡辺 そうそうそう。受験勉強が下手なタイプだから。

しみけん 天才肌はハマると強い。ハマらなかったときが第四回なんだろうね。

渡辺 でも番組的にあれが正解でしょ。

しみけん はじめてマイナス出したしね。

渡辺 俺が圧倒的に負けるっていうね。番組が運を持ってるんだと思う。

しみけん たとえ俺たちが出なくなっても、隠れてる人がいっぱいいると思うんだよね。

渡辺 強い人いくらもいますよ。

しみけん 篠原かをりちゃんのヒモさ、クイズ強いんだって?

渡辺 そうそう。

しみけん だったら地下クイズに引っ張ってくればいいのにね。

渡辺 なんの大会だったかな、「フランス語圏でパリの次に人口が多い都市はどこ?」っていう問題で、みんなが「モントリオール」って答えるなか、その子1人「キンシャサ」って答えて正解してて。

しみけん すげーじゃん!!

渡辺 他にもね、単独正解した問題とかあって。僕知らなかったんですよ、その子を。ただ強い子だなって思って見たら、今日LINEで「あれがヒモです」ってきて。改めて写真を見ると「ああ、この子はヒモっぽいな」って(笑)。

しみけん「篠原かをりのヒモ男」でいったらイイ線いくと思いますよ。

渡辺 でもあんまり公にはなってない?

──篠原さん、「アウトデラックス」で「ダメ男がすごい好き」って言ってた……。

しみけん だからヒモで出たら面白いよ。HAYATOくんもクイズとして練習すれば

188

もっと行くと思うし。別に番組とか出なくていい、有名にならなくてもいい、ただクイズやりたいってふつふつと知識だけをためてる若者は多いって聞くよ。

渡辺 テレビのクイズはやっぱりテレビ用のクイズになっちゃって、難易度が微妙じゃない。たぶんそこがね、その子たちは嫌なんでしょうね。だからテレビには興味がない。ただ強い人と難しい問題で戦いたいみたいな。

•——先鋭化してるんですね。

渡辺 そういうことなんだと思う。

しみけん そういう力を発揮する場がないんじゃなくて、あっても絶対出ないんですよ。自分は単にクイズやりたいだけなのになんでテレビに出なきゃいけないのっていう。

渡辺 素人が出るクイズ番組を観て育ってこなかったからだよね。まあ、『アタック25』はあるけど。アタックは彼らの好むクイズじゃないもんね。

しみけん 昔はすごい面白かったのにね。児玉さんのときは。

渡辺 僕はわりとクイズは街の喧嘩みた

いなほうが好きですね。

しみけん ストリートファイトだ。

渡辺 もう地下クイズ王って完全に対策のできる大会になってるじゃないですか。そうなると僕もう勝てないですから。ただ、今勝ちたいっていう願望があるかって言われるとそうでもないですけど。だって僕を出すよりも絶対いい人がいるはずで。だから、しみけんさんが2回勝って「もう俺出ない」って言った以上僕が出る理由としてはしみけんさんが再び出るときか、あと三連覇する人が出てきたときか、でしょうね。

•——あ、しみけんさんと同じこと言ってる!!

渡辺 ただ僕は勝てないですよ、たぶん。そう思います。

しみけん ナベちゃんは月見草だよね。野球のノムさんの言ってた名言があるじゃん? 完全に記録は作ってるんだけど、「僕はもう月見草でいい」みたいな。(*)

渡辺 いやぁ。

しみけん 地下クイズは月の光がすげえ強くて。それが思いっきり当たったのがナベちゃんだった。僕はもう、その辺の雑草。

渡辺 いやいや。

しみけん 第二回第三回と散々踏みつけられてきた。

渡辺 月見草だって雑草ですからね、言ったら。

*ちなみに、野村克也は南海ホークス時代、史上2人目の600号ホームランを達成。その後のインタビューで、「彼ら(王と長嶋)は常に、人の目の前で華々しい野球をやり、こっちは人の目のふれない場所で寂しくやってきた。悔しい思いもしたが、花の中にだってヒマワリもあれば、人目につかない所でひっそりと咲く月見草もある」と答えたそう。

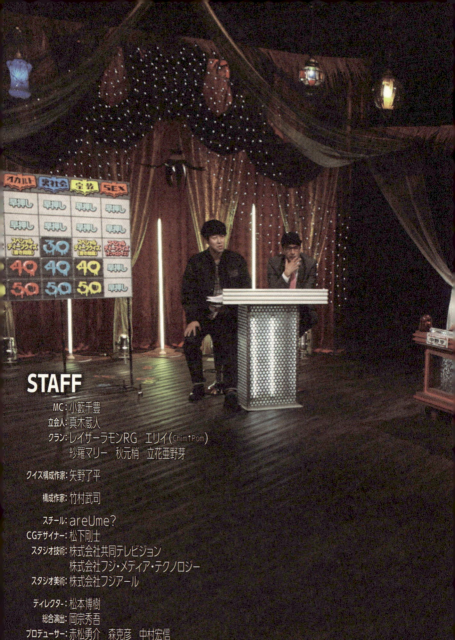

STAFF

MC: 小籔千豊

立人: 真木蔵人

クラン: レイザーラモンRG　エリイ (Chim↑Pom)
　　　　紗羅マリー　秋元梢　立花亜野芽

クイス構成作家: 矢野了平

構成作家: 竹村武司

スチール: areUme?

CGデザイナー: 松下剛士

スタジオ技術: 株式会社共同テレビジョン
　　　　　　株式会社フジ・メディア・テクノロジー

スタジオ美術: 株式会社フジアール

ディレクター: 松本博樹

総合演出: 岡宗秀吾

プロデューサー: 赤松勇介　森克彦　中村宏信

BAZOOKA!!!

地下クイズ王
決定戦
公式問題集

2016年8月7日 第1刷発行

クイズ制作	矢野了平　竹村武司
取材・文	西澤奈央　藤岡美玲
写真撮影	木村心保
スチール撮影	areUme?
装丁	木庭貴信＋川名亜実（オクターヴ）
協力	スカパーJSAT株式会社　Mo-Green Co.,Ltd.
編集	藤岡美玲
営業	田中太
発行者	北尾修一
発行所	株式会社太田出版

ホームページ http://www.ohtabooks.com/
〒160-8571　東京都新宿区愛住町22　第3山田ビル4F
☎ 03-3359-6262
振替 00120-6-162166

印刷・製本	株式会社シナノ

ISBN 978-4-7783-1532-0 C0095
©SKY Perfect JSAT Corporation, 2016, Printed in Japan.
本書の一部あるいは全部を利用（コピー等）するには、著作権法上の例外を除き、著作権者の許諾が必要です。
乱丁・落丁本はお取り替えいたします。

BSスカパー！にて、毎週月曜日21時〜好評放送中!!
http://www.bs-sptv.com/bazooka/
＊オンエア情報は2016年6月現在のものです。

天上クイズ王
決定戦

皇室

クイズを作ってはみたものの、
「『皇室』は地下クイズではなく、天上クイズでは?」と
至極真っ当なツッコミを受けて、
謹んでお蔵入りになったジャンル。
地下クイズの枠を超えても収録したい
良問ぞろいである。
(地下クイズ制作スタッフ)

昭和天皇が生前、
伊豆にご旅行に行かれた際、
「どこにあるのだ?」と
侍従にお尋ねになったという
エピソードがあるのは
何というホテル?

ハトヤホテル

当時ハトヤは「伊東に行くならハ・ト・ヤ〜　電話は
ヨ・イ・フ・ロ〜♪」というキャッチーなTVCMを大量投
下しており、天皇もテレビをご覧になるのかと話題に
なった。ちなみに「ハトヤ」は、初代オーナーが鳩を出
すマジックが得意だったことから名付けられたといわ
れる。

クイズ

浩宮様（ひろのみや）時代に、大阪万博の
三菱未来館を訪れた皇太子殿下。
記念撮影のときに取って
話題となったポーズは何？

シェー

ちなみにこのとき皇太子徳仁親王は10歳。当時
「シェー」は国民的人気を誇り、シェーの格好でバラン
ス感覚を養う「ビルダーシェー」なる健康器具まで発
売されていた。

クイズ

今上陛下はご幼少のころ、
ご学友に「日焼けして、
蚊取り線香を入れる
蚊遣りの茶色いブタに似ている」
と言われたことから、
何というニックネームで
呼ばれていた?

チャブさん

ちなみに今上陛下を「チャブさん」と呼んでいた
ご学友とは親しく交遊し、トンボを油で揚げて食したこ
ともあるそう。

以下は、皇太子殿下との
ご婚約会見で、記者から
「お子様は何人ご希望でしょうか?」
と問われた
雅子妃殿下のお答えです。
空欄に適切な語句を入れて、
言葉を完成させてください。

「殿下に、『家族で＿＿＿＿＿が
作れるくらいの子どもの数』とは
おっしゃらないでください
とお願いしました」

オーケストラ

ちなみにオーケストラに必要な最低人数は不明だが、東京スカパラダイスオーケストラは現在9人、YMO（イエロー・マジック・オーケストラ）は3人である。

皇太子殿下の
オックスフォード大学での
留学回想記は
『テムズとともに―英国の二年間―』
ですが、
皇太子殿下のいとこちがいに
当たる寛仁親王殿下の
オックスフォード大学での
留学回想記のタイトルは?

TOMOHITO'S LOVELY EAGLES

三笠宮寛仁
トモさんのえげれす留学

華麗にして痛快な傑作青春記
伝統の国・英国で若きプリンスはなにを見、
なにを考えたか？　勉学に、交遊に、若さを
発揮した留学生活の素晴らしき日々を描く

『トモさんの
えげれす留学』

ちなみに寛仁親王の最新刊は2010年に発売さ
れた『今ベールを脱ぐ ジェントルマンの極意』。「ひげ
の殿下」と慕われた寛仁親王のお洒落の極意が公
開されている。